Marginales

Nuevos textos sagrados

Colección dirigida por
Antoni Marí

José Emilio Pacheco

EL REPOSO DEL FUEGO

[POEMAS 1963-1964]

TUSQUETS
EDITORES

Diseño de la colección: Guillemont-Navares
Ilustración de portada: © Alicia Sandoval
Fotografía del autor: © Rogelio Cuéllar Ramírez
Colección: Marginales
Serie: Nuevos textos sagrados

Bajo el sello editorial TUSQUETS M.R.
Avenida Presidente Masarik núm. 111,
Piso 2, Polanco V Sección, Miguel Hidalgo
C.P. 11560, Ciudad de México
www.planetadelibros.com.mx

Primera edición en formato epub: junio de 2024
ISBN: 978-607-39-1240-2

Primera edición impresa en México: junio de 2024
ISBN: 978-607-39-1253-2

Impreso en los talleres de Impregráfica Digital, S.A. de C.V.
Av. Coyoacán 100-D, Valle Norte, Benito Juárez
Ciudad De Mexico, C.P. 03103
Impreso en México -*Printed in Mexico*

A Patricia Llosa y Mario Vargas Llosa

A la memoria de Luis Cernuda

No anheles la noche
en que desaparecen los pueblos de su lugar.

JOB 36, 20

I

I

Nada altera el desastre: llena el mundo
la caudal pesadumbre de la sangre.
Con un hosco rumor
                                        desciende el aire
a la más pétrea hoguera
                                        y se consume.

Y hoja al aire, tristísima, la hoguera
contempla la incendiaria sed del tiempo,
su víspera de ruina, los perfiles
de las ciudades tremolando pálidas.
La península azul entra en la noche,
desgarra las tinieblas, llama altiva,
o fija y ya serena
                                y como muerta.

2

Hoy rompo este dolor en que se yergue
la realidad carnívora e intacta.
Hiendo tu astilla inmóvil, mansedumbre.
Cerco lo que me asedia, las viscosas
manchas del aire tóxico y la zarpa
anudada sin cuerpo como aceite
a la noche animal que se desata.
Quemo tu lumbre humillación, tu aguja,
solidaria del vértigo, que iguala
vagos trazos de un áspid en el polvo.
El tiempo andando se acabó. Y es triste.

3

No hay nada que soporte sin hendirse
la tempestad del siglo, la cortante
voracidad que extiende el deterioro.
Se hunde el cielo, redobla la tormenta.
Dondequiera relámpagos se prenden,
cicatrizan el aire, se desploman
en la boca sin fin de las tinieblas.

4

Miro sin comprender, busco el sentido
de estos hechos brutales.
De repente
oigo latir el fondo del espacio,
la eternidad gastándose.
Y contemplo
la insolencia feliz con que la lluvia
ahoga este minuto y encarniza
su plural mordedura contra el aire.

5

La irrespirable procesión del vaho
coloniza el cristal cuando se abate,
para encender el campo en la semilla,
la lluvia intemporal, forma del aire,
el agua que renace de sí misma.

6

¿Quién a mi lado llama? ¿Quién susurra
o gime en la pared?
Si pudiera saberlo, si pudiera
alguien pensar que el otro lleva a solas
todo el dolor del mundo y todo el miedo.

7

El dictador, el todopoderoso,
el que construye los desiertos mira
cómo nacen del cuerpo los bestiales
ácidos de la muerte y es roído
por el encono mártir con que tratan
los años de hormiguearlo al precipicio,
a la fosa insaciable en donde humea
anticipada lucha su esqueleto.

Oye a veces correr bajo el palacio
las punitivas ratas que se aprestan
a desbordar el suelo y fieramente
deshacer la soberbia.
                                        Y los gusanos,
envidiosos del topo, urden la seda,
la voraz certidumbre del sudario.

8

El mundo en vilo azota sus cadenas.
La tempestad desciende.
                                        Y yo, sin nombre,
busco un rastro fugaz, quiero un vestigio,
algo que me recuerde, si he olvidado,
la secreta eficacia con que el polvo
devora el interior de los objetos.

9

Y embozado, recóndito, al acecho,
sobreviene el intenso garabato,
el febril desdibujo de la muerte.

10

Sangre y humo alimentan las hogueras.
Nada mella el fulgor.
                                        Y las montañas
reblandecen los siglos, se incorporan,
desbaratan su ritmo, son de nuevo
piedra,
          mudez de piedra,
                                            testimonio
de que nada hubo aquí,
                                            de que los seres,
son del polvo también,
                                            se tornan viento.

Ser de viento espectral, ya sin aullido,
aunque busque su fin, aunque ya nada
pueda retroceder.
                                    El polvo es tiempo.
Es la tierra que da su fruto amargo,
el feroz remolino que suspende
cuanto aquí se erigió.
                                        Sólo las flores
con su orgullo de círculo renacen
y pueden esplender, soltar su aroma
y nuevamente en polvo convertirse.

II

Mala vasija el cuerpo. Recipiente
de eterna insaciedad y deterioro.
¿Sólo perder ganamos existiendo?
¿Qué ojos verán el mundo si la órbita
donde la luz brilló sólo es la casa
de las hormigas, su castillo impune?
Nada regresará cuando la tierra
se aposente en la boca y enmudezca
con su eco atroz la oscura letanía.

Si una rama se mueve, si en la hierba
una brizna se rompe, en los dominios
interminables y hondos de la muerte
¿qué codicia a la vida está cercando,
con qué cara morir, cuál sacrificio
reclama la ceniza y, por ahora,
qué humillaciones, muerte, has aplazado?

12

Aquí te expandes, vida mortal,
color de sangre, dicha
de tenerte un instante que no vuelve.
Tu reino es la ciudad de agua y aceite
que flotan sin unirse. Su equilibrio
es su feroz tensión. Y su combate
se disfraza de paz y tregua alerta.

13

Es el lúbrico aceite tragallamas
escudo que no ampara: traza heridas,
abre surcos de sal, cava en el pecho
aquel duro temblor con que la carne
se entrega al no volver, al sacrificio
en el lugar del fuego donde brota
el sol de sangre bajo el mar de aceite.

14

¿Cuántos buitres carcomen nuestra vida?
¿Qué oscura esclavitud nos aprisiona?
Cómo duelen la marca y el chasquido
que hace el ávido hierro al someternos.
Hay que lavar la herida, deshacerse
de la letra tatuada en nuestra sangre.

15

No humillación ni llanto: rebeldía,
insumiso clamor. Toma la antorcha.
Prende fuego al desastre.
                                        Y otra hoguera
florezca, hienda el viento.
Mediodía, presagio incandescente,
inminencia total de vida y muerte.

II

I

Moho, salitre, pátina, descenso
del polvo al refluir sobre las cosas.
¿Qué obstinado roer devora el mundo,
arde en el transcurrir, empaña el día
y en la noche malsana recomienza?
Nace el desastre, el miedo que ha engrendrado
la ira y esculpe en fuego a nuestro tiempo.

2

(Don de Heráclito)

Pero el agua recorre los cristales
musgosamente.
Ignora que se altera,
lejos del sueño,
todo lo que existe.

El reposo del fuego es tomar forma
con su pleno poder de transformarse.
Fuego del aire y soledad del fuego
al incendiar el aire hecho de fuego.
Fuego es el mundo que se extingue y cambia
para durar (fue siempre) eternamente.

Las cosas hoy dispersas se reúnen
y las que están más próximas se alejan.

Soy y no soy aquel que te ha esperado
en el parque desierto una mañana
junto al río irrepetible en donde entraba
(y no lo hará jamás, nunca dos veces)
la luz de octubre rota en la espesura.

Y fue el olor del mar: una paloma,
como un arco de sal,
ardió en el aire.

No estabas, no estarás,
                                    pero el oleaje
de una espuma remota confluía
sobre mis actos y entre mis palabras
(tanto más mías porque son ajenas):

El mar es agua pura ante los peces
y nunca ha de saciar la sed humana.

3

No alzar los ojos.
Ver el muro ileso.
Disipar las tinieblas.
                                        Acercarse
al fondo de esta noche
en donde el alba
                                y su tropel
esperan que amanezca.

4

Si se extiende la luz
toma la forma
de lo que está inventando la mirada.

5

Vuelven mundos a hendirse. Y de milagro
cruza rampante un astro las tinieblas.
Pero se encaja náufrago en la hierba.
Como si el rayo halcón que vence el aire
de la estrella fugaz se apoderase:
la caricia que siente el enterrado
cuando el suelo mortal lo desfigura.

6

Ácida incertidumbre que devora
los confines del aire
mientras giran
la ceniza en la urna y tu memoria.

Y es noviembre en el aire hoja quemada
de un árbol que no está
y aún se dibuja
en la sombra que en humo se deshace.

7

Algo crece y se pierde a cada instante.
Algo intenta durar mientras observo
la forma indescifrable en que la arena
dibuja la inscripción de su agonía.
Porque es la permanencia del oleaje
cuando el mar en desierto ha terminado.

8

Aquí desembarcaron, donde el río
al encontrarse con el mar lo lleva
tierra adentro, de nuevo hacia la fuente,
el estuario secreto en las montañas.
Aquí desembarcaron... En mil años
nada cambió en la tierra. Y no hay vestigio
de lo que era este sitio hace mil años.

Mira en tu derredor: el mundo, ruina.
Sangre y odio la historia. Hambre y destierro.
Aquí desembarcaron... Si en mil años
nada cambió en la tierra, me pregunto:
¿nos iremos también sin hacer nada?

9

Nuestra moral, sus dogmas y certezas
se ahogaron en un vaso.
Y este mundo
resulta un pez que el aire ya devora
en su salto de red, branquial susurro
de lo que muere al margen, ya disuelto,
ya sin remedio en la brutal orilla.

10

A mitad de la tarde los objetos
imponen su misterio, se remansan,
nos miran fijamente, nos permiten
luchar porque no avancen ni se adueñen
de nuestro mundo al fin
                                        y nos conviertan
en inmóvil objeto.

II

Todo lo empaña el tiempo y da al olvido.
Los ojos no resisten
tanta ferocidad.
La luz, áspera llama,
devora los perfiles de las cosas.

Y enmedio tanta muerte,
esos tus ojos.
Ojos tuyos tristísimos: han visto
lo que nunca miré.
Todo lo empañan.
Todo es olvido, sombra, desenlace.

12

Pero ¿es acaso el mundo un don del fuego
o su propia materia ya cansada
de nunca terminar le dio existencia?
Y en un cuarto, uno más, alguien formula
la primera pregunta y no hay respuesta:
¿Para qué estoy aquí, cuál culpa expío,
es un crimen vivir, el mundo es sólo
calabozo, hospital y matadero,
ciega irrisión y afrenta al paraíso?

13

O es el desnudo pulular del frío
o la voz invisible de la hormiga
atareada en morir bajo su carga.

Repta el viento y horada los caminos
subvegetales que horadó la asfixia
de algún roedor en su hosca madriguera.

Hunde el jardín las zonas del verano
que engendran el otoño adormecido
por la savia esclerótica.

Y no es esto
lo que intento decir.
Es otra cosa.

14

Se han extraviado ya todas las claves
para salvar al mundo. Ya no puedo
consolar, consolarte, consolarme.

Tierra, tierra ¿por qué no te conmueves?
Ten compasión de todos los que viven.
Haz que nadie mañana —algún mañana—
tenga ocasión de repetir conmigo
mis palabras de hoy y mi vergüenza.

15

Rumor sobre rumor. Quebrantamiento
de épocas, imperios.
                                        Desenlace.
Otra vez desenlace y recomienzo.

III

I

Brusco olor del azufre, repentino
color verde del agua bajo el suelo.
Bajo el suelo de México se pudren
todavía las aguas del diluvio.
Nos empantana el lago, sus arenas
movedizas atrapan y clausuran
la posible salida.

Lago muerto en su féretro de piedra.
Sol de contradicción.
(Hubo dos aguas
y a la mitad una isla.
Enfrente un muro
a fin de que la sal no envenenara
nuestra laguna dulce en la que el mito
abre las alas todavía, devora
la serpiente metálica, nacida
en las ruinas del águila. Su cuerpo
vibra en el aire y recomienza siempre.)

Bajo el suelo de México verdean
eternamente pútridas las aguas
que lavaron la sangre conquistada.
Nuestra contradicción —agua y aceite—
permanece a la orilla y aún divide,
como un segundo dios,
                    todas las cosas:
lo que deseamos ser y lo que somos.

(Si se excavan
unos metros de tierra
                    brota el lago.
Tienen sed las montañas, el salitre
va royendo los años.
                    Queda el lodo
en que yace el cadáver de la pétrea
ciudad de Moctezuma.
Y comerá también estos siniestros
palacios de reflejos, muy lealmente,
fiel a la destrucción que lo preserva.)

El ajolote es nuestro emblema. Encarna
el temor de ser nadie y replegarse
a la noche perpetua en que los dioses
se pudren bajo el lodo
y su silencio
                    es oro
—como el oro de Cuauhtémoc
que Cortés inventó.

Prende la luz. Acércate. Ya es tarde.
Ya es tarde. Se hizo tarde. Ya es muy tarde.
Abre la puerta. Hay tiempo. Hoy es mañana.
Dame la mano. No se ve. No hay nadie.
No hay nadie. Sólo nada. Es el vacío.
O es el lodo que sube y nos envuelve
para volvernos polvo de su polvo.

2

Toda la noche vi crecer el fuego.

3

La ciudad en estos años cambió tanto
que ya no es mi ciudad, su resonancia
de bóvedas en ecos. Y sus pasos
ya nunca volverán.

Ecos pasos recuerdos destrucciones.

Todo se aleja ya. Presencia tuya,
hueca memoria resonando en vano,
lugares devastados, yermos, ruinas,
donde te vi por último, en la noche
de un ayer que me espera en los mañanas,
de otro futuro que pasó a la historia,
del hoy continuo en que te estoy perdiendo.

4

Atardecer de México en las lúgubres
montañas del poniente...
                                        Allí el ocaso
es tan desolador que se diría:
la noche así engendrada será eterna.

5

Conozco la locura y no
la santidad:
la perfección terrible de estar muerto.
Pero los sordos, imperiosos ritmos,
los latidos secretos del desastre,
arden en la extensión de mansedumbre
que es la noche de México.

Y los sauces,
y las rosas sedientas y las palmas,
funerarios cipreses ya sin agua,
son veredas de cardo, son los yermos
de la serpiente árida, habitante
en comarcas de fango, esas cavernas
donde el águila real bate las alas
en confusión de bóvedas, reptante
por la noche de México.

Ojos, ojos,
cuántos ojos de cólera mirándonos
en la noche de México, en la furia
animal, devorante de la hoguera:
la pira funeraria que en las noches
consume a la ciudad.
Y al día siguiente
sólo vestigios ya.
Ni amor ni nada:
tan sólo ojos de cólera mirándonos.

6

¿Hasta cuándo, en qué islote sin presagios,
hallaremos la paz para las aguas,
tan sangrientas, tan sucias, tan remotas,
tan subterráneamente ya extinguidas,
de nuestro pobre lago, cenagoso
ojo de los volcanes, dios del valle
que nadie vio de frente y cuyo nombre
los antiguos callaron?

¿Qué se hicieron
tantos jardines, las embarcaciones
y los bosques, las flores y los prados?
Los mataron
para alzar su palacio los ladrones.
¿Qué se hicieron los lagos, los canales
de la ciudad, sus ondas y rumores?
Los llenaron de mierda, los cubrieron
para abrir paso a todos los carruajes
de los eternos amos de esta tierra,
de este cráter lunar donde se asienta
la ciudad movediza, la fluctuante
capital de la noche.

Dijo el virrey: *Los hombres de esta tierra*
son seres para siempre condenados
a eterna oscuridad y abatimiento.
Para callar y obedecer nacieron.

La injuria del virrey flota en el lodo.
Ningún tiempo pasado ciertamente
fue peor ni fue mejor.

No hay tiempo, no lo hay,
no hay tiempo; mide
la vejez del planeta por el aire
cuando cruza implacable y sollozando.

7

México subterráneo... El poderoso
virrey, emperador, sátrapa hizo
de los lagos y bosques el desierto.

Hemos creado el desierto: las montañas,
rígidas de basalto y sombra y polvo,
son la inmovilidad.
                    Vibra el estruendo
que hacen las aguas muertas resonando
en el silencio cóncavo.
                        Es retórica,
iniquidad retórica hasta el llanto.

8

¿Sólo las piedras sueñan?
¿Su hosca esencia
es la inmovilidad?
¿El mundo es sólo
estas piedras inmóviles?

Roza el aire el cantil para gastarse,
para hallar el reposo. Inconsolable
el descenso del vértigo: marea
de mil zonas aéreas desplomándose.

9

Hoy, esta noche, me reúno a solas
con todo lo perdido y sin embargo
lo futuro también.
                                        Y mientras pasa
la hora junto a mí
                                        va oscureciendo.
En un fuego de sombra se confunden
luz y noche, pasado que no ha muerto
y el instante sin nadie que recorren
la ociosidad viscosa de la araña,
la mosca y su hociquito devastador.

Entre el ave y su canto fluye el cielo.
Fluye, sigue fluyendo, todo fluye:
el camino que lentan los mañanas,
los planetas errantes, calcinados
que cumplen su condena desgastándose
al hendir sin reposo las tinieblas.

10

Hay que darse valor para hacer esto:
escribir cuando rondan las paredes
uñas airadas, animales ciegos.
No es posible callar, comer silencio,
y es por completo inútil hacer esto
antes que los gusanos del instante
abran la boca muda de la letra
y devoren su espíritu.

Palabras
carcomidas, rengueantes, sonsonete
de algún viejo molino.
Cuántas cosas,
llanto de cuántas cosas inservibles
que en el polvo arderán.

Arde la hoguera.
Fuego la luz. Ceniza.
Un lirio es cada
pobre rescoldo triste
al deshacerse.

11

El viento trae la lluvia.
En el jardín
las plantas se estremecen.

12

Arde el campo en el sol a mediodía.
Aquí todas las cosas se disponen
a renacer.

Y entonces, de repente,
todo el jardín se yergue entre las piedras:
nace el mundo de nuevo ante mis ojos.

13

Cae la tarde en la lluvia sorprendida
por el girar marítimo del aire.

Línea de sombra, umbral, solar umbrío
en donde las tinieblas se preparan
a engendrar más tinieblas.

Poco a poco
la tarde cae en la lluvia.
Las tinieblas
zozobran en la luz. Resuena, vibra
ese golpe ignorado, ola invisible
con que el fuego del aire enciende al mundo.

14

(Las palabras de Buda)

Todo el mundo está en llamas.
Lo visible
arde y el ojo en llamas lo interroga.

Arde el fuego del odio.
Arde la usura.
Arde el dolor.
La pesadumbre es llama.
Y una hoguera es la angustia
en donde arden
todas las cosas:

Llama,
arden las llamas,
fuego es el mundo.
Mundo y fuego
Mira
la hoja al viento,
tan triste,
de la hoguera.

15

Es hoguera el poema
y no perdura

Hoja al viento
tal vez
También tristísima
Inmóvil ya
desierta
hasta que el fuego
renazca en su interior

Cada poema
epitafio del fuego
cárcel
llama
hasta caer
en el silencio en llamas

Hoja al viento
tristísima
la hoguera

ÍNDICE

EL REPOSO DEL FUEGO [1963-1964]

I

II

III